ORAISON FUNEBRE

DE TRES-HAUT

TRES-PUISSANT ET TRES-EXCELLENT PRINCE

LOUIS QUATORZE

ROY DE FRANCE ET DE NAVARRE.

Prononcée dans l'Eglise Cathédrale de Perpignan le 20. Décembre 1715. au Service que cette Ville a fait faire pour le repos de l'Ame de ce Prince.

Par Meſſire JOSEPH XAUPI Docteur de Sorbone & Abbé de Jau, natif de la même Ville.

A PERPIGNAN

Chés FRANÇOIS REYNIER, Imprimeur du Roy, & Marchand Libraire, aux trois Rois.

M. DDCXV.
AVEC PERMISSION.

ORAISON FUNEBRE

DE TRES-HAUT

TRES-PUISSANT ET TRES-EXCELLENT PRINCE

LOUIS QUATORZE

ROY DE FRANCE ET DE NAVARRE.

Siluit terra in conspectu ejus. 1. Mac. c. 1. v. 3.

La Terre a gardé le silence devant luy *au premier livre des Machabées* c. 1. v. 3.

Monseigneur,

Monseig.
l'Evêque
d'Elne offi-
ciant.

Les vertus extraordinaires ne sçauroient se dé-
peindre par les discours; soit qu'elles ôtent l'usage
de la parole par la surprise qu'elles causent, soit
qu'elles surpassent les idées & les expressions du lan-
gage humain, elles ne laissent à ceux qui veulent les
représenter, que l'admiration & le silence.

C'est l'effet qu'ont produit les actions glorieuses
du Monarque dont nous célébrons les obseques ;
Fidelle à remplir les desseins de la Providence, orné
des dons les plus excellents par la main libérale du
Seigneur, & représentant en quelque maniere sa

fainteté & fa puiffance , il a paru dans ce monde comme la plus parfaite Image de la Divinité : A la veuë de fa Grandeur , la terre eft tombée dans un profond raviffement , & voulant enfin faire éclater fes fentiments , elle n'a pû les exprimer que par un filence éloquent , *Siluit terra in confpectu ejus.*

Mais, helas ! Il ne vit plus, la Mort a frappé & renverfé celuy qui étonnoit l'Univers, & l'a réduit luy-même à un filence éternel. Du plus haut comble de la Puiffance & de la Gloire, il eft defcendu dans l'humiliation du Tombeau ; la dépoüillé de tout l'éclat qui l'environnoit, privé du mouvement & de la vie, il n'eft plus qu'un corps inanimé ; & ce cadavre, qui garde encore une reffemblance humaine, ne fera bientôt plus, par la diffolution totale de fes parties, qu'une vile pouffiere, qui fe perdra dans le neant. Rang fuprême, Titres pompeux, Qualités de l'ame & du corps, les projets même & les penfées, tout périt avec luy. Dans ce débris de fa Grandeur les feules bonnes œuvres fubfiftent ; comme elles ont un principe incorruptible qui eft la Grace, un objet immuable qui eft Dieu, elles ne font point du domaine de la Mort.

O enfans des hommes ! Vous qui *aimés la vanité & qui courés aprés le menfonge,* voyés, & inftruifés vous ; & comme vous avés reconnu dans le Prince que nous pleurons ce que la Naiffance a de plus illuftre, ce que la Puiffance a de plus abfolu, ce que la Valeur a de plus héroïque, & généralement tous les dons de la nature & de la fortune, apprenés dans le feul exemple de fa mort la nature des différents biens

qui vous enchantent, & le terme fatal ou ils abou-
tiſſent. Apprenés auſſi, par l'exemple de ſa vie, que
tous ces avantages, qui paroiſſent ſi contraires au
ſalut, peuvent entrer dans l'ordre de la prédeſtina-
tion, & quoyqu'ils ſoient ordinairement la nourri-
ture de l'orgueil & l'inſtrument des paſſions, ils peuvent néanmoins être conſacrés par un uſage de pieté,
& devenir des moyens de ſanctification. C'eſt ce que
vous verrés dans cet éloge funébre de T R E S-
HAUT, TRES-PUISSANT, ET TRES-EX-
CELLENT PRINCE LOUIS QUATORZE
ROY DE FRANCE ET DE NAVARRE.

Quelle image de grandeur & de perfection ne pré-
ſente pas a nos eſprits le ſeul nom de LOUIS QUA-
TORZE ? étonné moy-même & ſurpris du nombre
de ſes actions héroïques & ébloüi par leur éclat, je
ſens par ma propre expérience, qu'on ne peut le
loüer dignement, que par le ſilence & l'admiration.
Je vais tâcher pourtant de remplir mon miniſtere,
quoyque ſans eſpoir de répondre a vôtre attente &
a la dignité de mon ſujet, & je me propoſe de vous
faire voir, que le Ciel a donné au monde, dans la
perſonne de LOUIS, un ſpectacle de toutes ſortes de
perfections, & de vertus : ſoit qu'il défende ſes droits, *Diviſion.*
ou confonde ſes envieux par la force de ſes armes ;
ſoit qu'il faſſe regner dans ſes Etats l'abondance,
l'ordre, & la juſtice ; ſoit qu'il ſe ſanctifie par de ſain-
tes œuvres, & un uſage chrétien de ſa puiſſance ; ſous
ces trois aſpects, également grand, également admi-
rable, il fait voir a l'univers des prodiges de valeur,
des prodiges de ſageſſe, & des prodiges de pieté.

Trois caracteres DE LOUIS LE GRAND qui
feront le partage de ce difcours, & avec lefquels ce
Prince a impofé à la terre un filence d'admiration,
filuit terra in confpectu ejus.

Le prophane efprit du monde n'aura point de part
à cet Eloge ; comme je le prononce dans la chaire
de vérité, il n'aura point d'autre fondement que les
maximes de l'Evangile, ni d'autre objet que Dieu
même. En parlant des Victoires de LOUIS, je louë-
Pf.145. ray *le Dieu des Armées qui a dreffé fes mains au combat;*
v.1. en rapportant les loix qu'il a faites, je glorifieray
la fageffe éternelle que Dieu a envoyée du fanctuaire de fa
Sap.c.9. *grandeur pour l'accompagner & travailler avec luy;* enfin
v.10. dans fes actions de pieté, j'adoreray la grace de J.C.
qui en a été le principe. Efprit faint, d'aignés m'é-
clairer, ce font vos dons que je louë dans ce difcours.

I.
POINT. L
OIN d'icy, MESSIEURS, cetté valeur criminelle, qui n'a point d'autre principe que la cupidité ; fruit déteftable de la vanité, de la vengeance,
ou de l'ambition, elle prend la forme des paffions qui
la produifent; elle eft téméraire, & exceffive ; féroce
& fanguinaire; elle ne tend qu'à défoler la terre & luy
donner des Tyrans. Je parle d'une noble ardeur, que
l'équité excite, & que la modération accompagne,
d'une valeur prudente qui eft un don du Ciel ; &
comme Dieu la foûtient & la récompenfe, nous
pouvons auffi la louër à la face de fes Autels.

N'attendés pas que je vous entretienne des prémie-
res années du Regne de LOUIS, ou fous fes aufpices,
& à la faveur de fa fortune, des Généraux illuftres

remportérent des Victoires funestes à tous nos Ennemis : il partage cette gloire avec ces génies tutélaires
que la Providence avoit suscités pour défendre ses
Etats durant sa minorité, & je ne veux prendre que
dans luy-même le sujet de son Eloge.

La poursuite des droits de la Reine alluma les *Guerre de*
prémiers feux de son courage ; aprés avoir pris toute *Flandre en*
la terre à témoin de la justice de ses Armes, il as- *1667. pré-*
siegea les Villes qu'une succession légitime luy don- *cédée d'un*
noit, & par des efforts inoüis de valeur, il soûmit *manifeste.*
dans trois mois de temps, la plus grande partie de la
Flandre.

L'Hyver, qui interrompt ordinairement les tra- *La Fran-*
vaux des Guerriers, devient pour luy une seconde *che - Comté*
Campagne ; il réduit dans le temps le plus rude la *conquise en*
Franche-Comté sous ses Loix : la rigueur & la stéri- *20. jours*
lité da la saison, bien loin de retarder le cours rapide *au mois de*
de ses Victoires, ne servent qu'à mieux faire paroître *Fevrier*
sa fermeté & sa prévoyance. *1668.*

Ces exploits, quoyque surprenants, ne furent
néanmoins pour nôtre Prince, que l'éssay & le pré-
sage de ceux qu'il devoit faire dans la suite.

Une superbe République, fiere des richesses qu'elle
avoit acquises par son commerce, avoit dit en elle
même, comme autrefois la Ville de Tyr : je suis la
souveraine des Mers, j'exerce l'Empire du Tres-Haut
sur cet élément furieux ; *in cathedra Dei sedi in corde ma-* *Ezech.*
ris ; ma puissance surpasse celle des plus grands Rois & *c. 28. v. 2]*
est comparable à celle de Dieu même, *Deus ego sum.*
Dans son orgueil, elle violoit la foy des Traités,
soûlevoit toute l'Europe contre son Bienfacteur, &

prétendoit soûtenir par l'ingratitude une indépendance acquife par la rebellion. Sa perfide politique
ne reftera point impunie : LOUIS marche, la terreur
vole au loin devant luy, & la victoire peut à peine
le fuivre ; fa démarche eft légére, felon l'expreffion
du Prophéte Daniel, & fa force indomptable ; il ne
s'avance que par des élancements impétueux ; à peine
touche-t-il à terre, *& non tangebat terram.* Les plus
fortes Places ne peuvent l'arrêter un moment, il ren-
verfe tout ce qui s'oppofe a fon paffage ; le voilà déja
fur les bords du Rhin. La profondeur & la rapidité de
ce Fleuve, l'Armée formidable qui borde fa rive, &
le feu de l'Artillerie ne ralentiront point la vivacité
de fon ardeur ; l'élite de la Nobleffe Françoife allume
fon courage au feu qui brille dans les yeux du Roy, &
fiere de fe fignaler en fa préfence, elle fe précipite dans
les eaux ; toute l'Armée la fuit ; le Monarque, que fa
dignité retient fur le rivage, les anime par fes regards ;
ils rompent la fureur des flots, renverfent les Ennemis, & s'ouvrent un chemin à de nouvelles victoires.

Aprés cette expédition glorieufe, tout céde aux
efforts du Vainqueur ; les Provinces entiéres envoyent
au devant de luy pour fe foûmettre à fa Puiffance ; &
mille fois plus glorieux que ce fameux Romain, pour
qui, venir, voir, & vaincre, n'étoient qu'une même
chofe, LOUIS n'a pas même befoin de fe préfenter ;
la feule terreur de fon nom luy fait des conquêtes.

La pofterité le croira-t'elle, MESSIEURS ? un mois
a fuffi à nôtre Monarque pour conquérir quarante
Villes, & plufieurs Provinces ; quelle rapidité ! quel
prodige ! le vaillant Condé, qui entraînoit par fon

intrépidité la victoire dans ses desseins, le sage Tu-
renne, qui sçavoit la préparer par des moyens pres-
que infaillibles, ces deux Généraux qui étoient l'admiration du monde, suivent icy l'impression & le
mouvement qne LOUIS leur donne, & admirent
eux-mêmes l'impétuosité réguliere de ce jeune Héros, & l'art nouveau d'abréger les Conquêtes, qu'il
ne doit qu'à son génie.

Le temps & la parole me manqueroient, si je vou-
lois rapporter tous les évenements mémorables de
cette Guerre, & les exploits inoüis de nôtre Conquérant. Je me contenteray de vous dire, que l'Empe-
reur & le Roy d'Espagne, en s'unissant aux Hollandois, ne firent que luy fournir une plus ample matiere de Triomphes, que ses Ennemis s'étant multi-
pliés, il se multiplia, pour ainsi dire, luy-même
par ses Généraux ; la Flandre, le Rhin, les Pyrénées,
la Sicile, la Méditerranée, & l'Océan ont été en
même-temps le Theatre de ses Victoires ; & combattant seul contre toute l'Europe, il a été le seul
Vainqueur.

Voyant enfin les Hollandois punis de leur témérité, leurs Alliez défaits & consternés ; dans le temps
qu'il peut achever de conquérir leurs Etats, il leur
donne la Paix, & leur rend toutes leurs Places. Que
faites vous, grand Roy ? Pourquoy cédés-vous des
Conquêtes que les droits de la Guerre & vôtre valeur vous ont si justement acquises ? Pourquoy bor-
nés-vous le cours de vos Victoires ? vos Armées ac-
coûtumées à vaincre, la consternation répanduë parmy vos Ennemis, des Finances abondantes, l'atta-

Paix de
Nimegue
en 1678.

B

chement de vos Sujets, tout semble vous promettre l’Empire de l’Univers ; Quel soin prenés-vous de vôtre gloire ? Que dira la posterité?...Mais où m’emporte un zéle aveugle ? LOUIS fait par cette Paix des Conquêtes plus avantageuses que celles qu’il abandonne, & trouve plus d’honneur à calmer l’Europe, qu’à achever de la soûmettre ; il a surmonté mille fois ses Adversaires par ses Armes, il les surmonte encore par sa générosité, & aprés avoir triomphé de tous ses Ennemis, il triomphe de luy-même.

Ligue d’Ausbourg en 1688.

Mais, telle est l’injustice des hommes ! sa gloire ne fit que des jaloux, ses bienfaits que des ingrats ; l’envie offensée de ses vertus luy suscita des Ennemis de tous côtés ; elle fit concourir à une même fin des interests opposés & des passions contraires ; les craintes imaginaires d’un Empire universel, le desir d’acquérir de la gloire, le dessein de s’agrandir, une jalousie de Puissance, & le faux zéle de l’Hérésie se reunirent & secondérent sa fureur ; une foule de Souverains se joignirent ensemble, se proposérent d’assiéger la France, & jurérent sa ruine.

Monseigneur prend Philisbourg & tout le Palatinat.

Que faisoient toutes ces Puissances confédérées ? elles remplissoient, sans le sçavoir, la destinée de LOUIS, elles ouvroient un vaste champ à sa valeur, & ne travailloient que pour sa gloire. A peine la Ligue est-elle formée, que nôtre Prince luy porte un coup mortel par la prise de Philisbourg ; un Héros naissant, à qui il a remis sa foudre, fait connoître par sa valeur de qui il est fils, & montre à tous les Alliez, dans la ruine du Palatinat, le triste sort qui les attend ; leurs projets sont renversés, leurs desseins confondus; les maux qu'ils nous préparoient retombent fur eux, leurs Places les plus fortes font réduites fous nos Loix, leur Armées ne montrent de toutes parts qu'une rage impuiffante; & par leur défaite, elles répandent dans leur propre Païs la confterna-nation & la terreur qu'elles vouloient porter dans la France.

La Flandre eft le Theatre, où la Ligue fait fes plus grands efforts; c'eft là qu'elle affemble une Armée innombrable, fous les ordres d'un Prince qui fçavoit mériter autant de louanges en perdant une Bataille que celuy qui la gagnoit; qui par une hardieffe prudente & toutes les qualités d'un grand Général, n'a pû acquérir d'autre gloire, que celle d'avoir retardé les profpérités de la France, & d'avoir fait balancer un moment la Victoire entre fes armes, & celles de LOUIS.

A ces traits, MESSIEURS, vous reconnoiffés le Prince d'Orange le plus brave des Confédérés, & l'ame de la Ligue; fier des hommages que luy ren-doient une foule de Souverains, & de la Couronne qu'il venoit d'obtenir par un crime heureux, il fe flat-toit de pénétrer jufqu'au cœur de la France, & dévo-roit en idée nos Villes & nos Provinces. *A l'Af-femblée de Hall.*

Vains projets! inutile fureur! LOUIS a diffipé bien d'autres orages, il diffipera bien encore celuy-cy: le voilà qui court à la gloire; il n'attend point *le temps*, où felon l'Ecriture, *les Rois ont accoûtumé d'al-ler à la Guerre*; il fait naître l'abondance du fein des *2. Reg. c. 11. v. 1.* frimats, & pour le prélude d'une glorieufe Campa-gne, il prend la Ville de Mons, qui auroit arrêté tout autre une année entiere.

Je passe sous silence mille faits mémorables, je me hâte de venir au fameux Siege de Namur. Que j'aime à considérer nôtre Prince autour de cette Ville, étonnant ses Ennemis & ses propres Soldats par de nobles excés de valeur, & faisant briller plusieurs vertus dans une seule action. Repréfentés-vous, MESSIEURS, tout ce que l'art & la nature peuvent faire pour rendre une Place imprenable ; elle est située sur un rocher escarpé, deux riviéres profondes l'environnent, elle est remplie de toutes fortes de munitions, une Armée animée par l'espoir du secours luy sert de Garnison, & les différentes parties de ses Fortifications font comme autant de Citadelles ; les élémens même semblent être conjurés pour la défendre, la saison se dérégle, & un nouveau déluge couvre la face de la terre. Tous ces obstacles, qui paroissent insurmontables à la force humaine, ne servent qu'à irriter le courage de LOUIS ; il dispose l'ordre des attaques *Il visite la tranchée, le Comte de Toulouse est blessé auprés de luy.* & les soûtient par sa présence, il partage avec les Soldats les travaux & les fatigues, il brave les plus affreux périls, & malgré l'inconstance du temps, & la vive résistance des assiégés, il soûmet à ses Loix cette superbe Ville, à la veuë de cent mille hommes & de *Le Prince d'Orange, le Duc de Baviere, le Prince de Waldeck.* trois habiles Généraux : on diroit que la Ligue ne les a assemblés, que pour fournir plus de spectateurs à son triomphe.

Vous vous figurés peut-être, que nôtre Héros plein de cette douce complaisance qu'inspirent les prospérités Militaires, viendra s'offrir aux acclamations publiques, & aux éloges de ses Sujets : Admirés, MESSIEURS, admirés une modération inconnuë à la plûpart des Vainqueurs ; il revient dans ſes Etats, avec un maintien rempli de modeſtie, & défend qu'on le louë de ſa Victoire : bien différent en cela du Conquérant de l'Aſie, qui ne cherchoit par ſes travaux guerriers que les applaudiſſemens : *O Athé-niens*, s'écria-t'il ſur les bords de l'Hydaſpe, *ô Athé-niens*, *à quels dangers s'expoſe Alexandre pour être loué de vous !* LOUIS mépriſe également le péril qui prépare la Victoire, & la Gloire qui en eſt le fruit, & donne un plus grand ſujet de louanges, par le refus qu'il fait de les recevoir, que par la grandeur & la difficulté de ſa Conquête

Reconnoiſſés-donc, Ligue ſuperbe, vôtre aveugle-ment & les vertus de nôtre Prince ! que vôtre envie ſe change maintenant en admiration ; la gloire de vôtre Vainqueur réjaillira juſques ſur vous, & adou-cira vos diſgraces ; aprés les pertes que vous avés faites à Fleurus, à Staffarde, à Stinkerque, à Nervinde, & au paſſage du Ter, vons n'avés plus de reſſource que dans ſa clémence ; les Places qu'il a priſes, il les regarde comme les gages d'une Paix durable, & vous ne trouverés jamais que dans ſa modération les bornes de cette Royauté univerſelle que vous appré-hendés. Déja l'Eſpagne ſe hâte de détacher ſes inte-rêts des vôtres, & de s'unir, par une alliance éternelle, a la France, qui doit faire déſormais ſa félicité.

Sous les yeux & par les ſoins de LOUIS, ſe for-moit un jeune Prince, dont la vivacité tempérée par la gravité des mœurs, & une ſageſſe prématurée, don-noit des préſages certains du bonheur public ; on voyoit éclorre en luy toutes les vertus de ſon Ayeul,

Les Droits du Sang, un Teſtament ſolennel, & les Vœux empreſſés de mille Peuples luy donnent un vaſte Empire, que le Soleil ne ceſſe jamais d'éclairer ; cette Eſpagne qu'une ancienne jalouſie de Grandeur avoit renduë nôtre ennemie, n'a plus avec nous qu'une émulation de zéle & de fidélité, & elle voit revivre, dans la perſonne de PHILIPPE, les vertus de deux illuſtres Reines qu'elle avoit données a la France.

Anne & Marie Thereſe d'Autri-che.

Bien-tôt ce jeune Monarque fit par la ſageſſe de ſon Gouvernement, la félicité de ſes Sujets, & un heureux Mariage leur faiſoit eſpérer une poſtérité glorieuſe ; lorſque tout à coup une fauſſe politique ſoûléve toutes les Nations de l'Europe ; il ſe forme de tous côtés des Ligues & des complots ; des Princes confédérés employent la violence & l'artifice, tentent la fidélité des Peuples, & font ſur mer & ſur terre d'effroyables préparatifs. Que veulent ces Généraux & ces Armées ? A quoy eſt deſtiné cet appareil terrible d'Armes & de Vaiſſeaux ? A violer les droits les plus ſacrés, à favoriſer l'uſurpation, & à déſoler la France. Il n'en ſera pas ainſi, fiers Ennemis, & vos eſpérances ſeront vaines ; LOUIS tirant toute ſa force de l'équité de ſa cauſe, & du Ciel, d'où luy vient ſon ſecours, défendra non-ſeulement ſes Etats, & ceux de PHILIPPE; mais il portera dans le fonds des vôtres le ravage & la déſolation : vous vous propoſiés d'entrer dans ce Royaume, & vos propres Etats ſont devenus le Theatre de la Guerre ; vous eſpériés de prendre nos Villes, & nous avons déja conquis vos Pro-

Campagne de 1701. Conquête

vinces ; la Hollande voit une ſeconde fois ſur ſes terres nos Armes victorieuſes ; un de nos Alliez nous abandonne & se joint à vous, mais ce n'est que pour s'associer à vos malheurs, dépouillé de ses Etats, il est sur le point de perdre sa Capitale & sa liberté ; nos Armées pénétrent jusqu'au centre de l'Allemagne & l'Empire est ébranlé jusques dans ses fondements. *de la Savoye & du Piémont.*

Mais quel revers imprévû change tout à coup la face des affaires ? Que vois-je ? La Victoire abandonne LOUIS, ses Troupes consternées fuyent devant la face de l'Ennemy & ne peuvent garantir nos Frontiéres ; Le froid mortel qui consume les fruits de la terre & l'espérance de plusieurs moissons, la double calamité de la famine & de la contagion qui désolent en même-temps la France, combattent contre luy, & luy ôtent jusqu'aux ressources. Pourquoy, ô mon Dieu, si j'ose *vous parler, moy qui ne suis que cendre & que poussicre,* pourquoy confondés-vous ainsi ses justes desseins ? Pourquoy la prudence est-elle trompée & frustrée du succés ? La Victoire ne doit-elle pas toûjours être le fruit de la valeur ? J'adore, en tremblant, la profondeur de vos jugements & j'en reconnois l'équité ; si nôtre Prince avoit renversé les Thrônes de ses Ennemis, enyvré de ses prosperités, il se feroit peut-être attribué la Gloire qui vous appartient, & vous avés voulu l'humilier..... Que dis-je ? humilier ; la Providence attentive plûtôt à l'élever, ne luy envoye ces disgraces que pour mieux faire paroître sa magnanimité. Ouy, MESSIEURS, les conquêtes & les évenements favorables ne sont, à proprement parler, que la suite & l'extérieur de la valeur ; la valeur réside dans l'ame, elle consiste dans une certaine force d'esprit, & un *En 1709.* *Gen. c. 18. v. 27.*

fonds d'intrépidité qui précéde la Victoire ; les succés ne font point de fon reffort. Si LOUIS n'a pas toûjours été Vainqueur, il a toûjours mérité de l'être ; la fortune a changé, mais fa grandeur d'ame ne s'eft jamais démentie ; il a toûjours formé de grands deffeins, il en a préparé les moyens ; la Providence a difpofé des fuccés. Durant le cours de fes profpérités, uniquement occupés de fes Conquêtes, nous ne faifions prefque point d'attention aux vertus qui les préparoient; mais dans l'adverfité, n'étant plus ébloüis par l'éclat des évenements, nous avons vû fa magnanimité toute entiere, & le principe de fes Victoires plus grand que les Victoires mêmes : l'Univers qui auroit pû foupçoner que le hazard contribuoit à fa gloire, ayant vû la fituation & l'habitude de fon ame, l'étenduë de fes lumieres, l'élévation de fes fentiments, la force & la fageffe de fes moyens, a compris que fa grandeur étoit toute dans luy-même & ne dépendoit que de luy feul;& dans l'étonnement où il a été, il n'a pû exprimer fes fentiments, que par l'admiration & le filence, *Siluit terra in confpectu ejus.*

Mais ces adverfités, quoyque glorieufes pour luy, étoient néanmoins funeftes à la France, & le Ciel favorable en a bien-tôt terminé le cours. Dans le temps que nos Ennemis croyoient avoir franchi tous les obftacles, & qu'enfiés d'une profpérité qui ne leur étoit pas ordinaire il fe difoient : *Renverfons, renverfons jufqu'aux fondements de cette Monarchie;*ils viennent fe brifer contre la plus foible de nos Places, Landrecies devient le terme fatal de leurs Conquêtes & de leur orgueil ; la Victoire fe range de nouveau fous

nos

Pf. 236.
v. 7.
Combat de Denain.
Levée du fiege de

nos étandarts, les Places que la valeur même n'avoit *Landrecies.* pû conferver rentrent dans l'enceinte de nôtre em- *Prife de* pire; la prudence de nôtre Monarque, libre défor- *Douay, du* mais de l'incertitude des évenements, nous fait voir *Quênoy, de* des fuccés plus éclatans que les prémiers, & femble *Bouchain;* regagner les temps perdu, par des Conquêtes réite- *&c.* rées; le Thrône de PHILIPPE eft raffermi, & des *Conquête* Peuples qu'une fureur obftinée rendoit invincibles *de la Cata-* pour tout autre que pour LOUIS, ont enfin rendu *logne.* par leur défaite, le dernier hommage à fa Puiffance. L'Europe pacifiée n'eft plus occupée qu'à admirer les vertus tranquilles de la Paix & cette profonde fageffe de LOUIS, qui fait le fujet de mon fecond Point.

APPRENONS de Salomon en quoy confifte la *II.* fageffe. Elle eft, dit-il, une participation de *POINT.* la puiffance de Dieu, une effufion de fa lumiere éter- *Sap c. 7.* nelle & une image de fa bonté; elle a un efprit d'in- *& 8.* telligence pénétrant, agile, doux, bienfaifant, & qui renferme les différents efprits; elle voit tout, & tout luy eft poffible; immuable en elle-même, elle fe répand de toutes parts, & agit dans les lieux les plus éloignés : enforte qu'elle atteint avec force d'une extrémité jufqu'à l'autre & difpofe tout avec douceur. Vous me prévenés, MESSIEURS, & vous recon- noiffés LOUIS dans le portrait même de la fageffe.

Retrouvons néanmoins tous ces caracteres dans la conduite de nôtre Prince. Dans un âge, où le com- *A l'âge* mun des hommes eft incapable de fe conduire & mê- *de 23. ans.* me de recevoir des confeils, il fut en état de donner des Loix; il prit les Rênes de l'Etat, & faifant toutes

C

les fonctions de prémier Ministre, il fit voir au monde étonné: que la science du gouvernement n'est pas toûjours le fruit d'une longue expérience, qu'il est des génies élevés & des ames d'un ordre supérieur, qui affranchies des régles ordinaires du travail & de l'imitation, possédent les vertus les plus sublimes sans exercice & sans modéle, & font, pour leur essay, les actions les plus héroïques.

En 1661. Vous décriray-je MESSIEURS les désordres qui troubloient alors la France ? La cupidité des Juges & la mauvaise foy des Parties avoient fait naître l'Art pernicieux d'obscucir les Droits les plus légitimes par la multiplicité des procédures, & de perpétuer les procés par les mêmes Loix, qui devoient servir à les abréger ; la Justice, embarassée par des subtilités malignes & des détours artificieux, étoit lente dans ses décisions, également funeste à celuy qui perdoit & à celuy qui gagnoit sa cause,& ne produisoit, selon l'expression d'un Prophete, que *des* *Amos c.* *fruits plus amers que l'Absinthe.*
6. v. 13.

Les gens de Guerre vivoient dans une licence effrénée, que les Chefs croyoient nécessaire pour entretenir le courage, & qui rendoit le Soldat aussi redoutable au Citoyen qu'à l'Ennemi.

Les Finances,cette précieuse substance des Peuples qui ne doit servir qu'au soûtien & à la splendeur du Thrône, étoient en proye a l'avarice de quelques Particuliers, & étoient devenuës l'instrument de leur ambition & la matiere de leurs débauches.

Tous ces maux avoient jetté de profondes racines sous une Minorité tumultueuse; & parmy les troubles d'une Guerre civile ; tous les vices appuyés par la rebellion, ou couverts d'un voile de fidélité avoient causé des ravages que la néceffité des conjonctures & l'intereft des partis fembloient favorifer ; la violence, l'injuftice, le brigandage, l'homicide avoient inondé la France, & n'étant plus retenus par le frein de l'au-thorité & trouvant l'impunité dans les malheurs de l'Etat, ils s'étoient portés à des excés monftrueux.

Que fera LOUIS à la veuë de tant de défordres ? il s'armera de févérité & de prudence, il punira les coupables, il réformera les abus, & la face du royau-me fera renouvellée. *Chambre de Juftice en 1661.*

La juftice ne gémit plus fous cet amas énorme de formalités ; remife déformais a des Magiftrats éclai-rés & intégres, guidée par un Code & des Ordon-nances pleines de fageffe, elle ne craint plus d'être deshonorée, comme autrefois, par la chicane, l'ava-rice, & l'ignorance. *Code Louis Ordonnan-ces civile & crimi-nclle.*

Les Troupes devenuës pour les Citoyens un mo-déle de régularité, ont autant d'amour pour la difci-pline que d'ardeur pour la gloire ; & le Soldat civi-lifé, en quelque maniere, a perdu fa férocité, fans rien perdre de fa bravoure. *Différents Edits que compofent le Code Militaire.*

Les Finances confiées a un Miniftre intelligent & fidelle, recueillies avec ordre & diftribuées avec œco-nomie, entretiennent cette douce correfpondance de Tributs du côté du Peuple, de bienfaits & de pro-tection du côté du Prince ; & femblables au fang hu-main, elles portent par une circulation réguliere la fanté & la vigueur dans toutes les parties du corps politique. *Mr. Col-bert Con-trolleur des Finances en 1661.*

La Nobleſſe eſt remiſe dans ſon prémier luſtre &
ſoûmiſe a la Juſtice, la ſubordination rétablie dans
l'Etat, la tranquillité publique aſſurée, la violence ré-
primée, le vice déſarmé ; voilà, MESSIEURS, les prémiers fruits de la ſageſſe de LOUIS ; il parle, & l'ini-
quité diſparoit ; ſes regards diſſipent cette foule de
maux qui déſoloient la France, *Rex diſſipat omne ma-*
lum intuitu ſuo.

Prov. c.
20. v.8.

La diſcorde & le crime étant bannis pour jamais
de l'Etat, nôtre Prince s'appliqua à procurer à ſes Sujets les richeſſes des Païs les plus éloignés, par la
Navigation & le Commerce.

Les Hol-
landois.

Des Peuples, a qui la terre refuſe les beſoins de la
vie, & ſous les pieds deſquels elle ſemble ſe dérober
a tout moment, pour rentrer dans l'Océan à qui elle
appartient, contraints par la ſtérilité de leur climat à
chercher dans les Païs étrangers leur propre ſubſiſ-
tance, ne connoiſſoient preſque plus d'autre élément
que la Mer, ny d'autre occupation que le Commerce : devenus les maîtres des richeſſes du nouveau
monde, ils les diſtribuoient a leur gré, & rendoient
toute l'Europe tributaire de leur induſtrie.

Les François paroiſſoient peu propres à un Art
qu'on n'apprend que par des pertes, ou l'on ne fait
de progrés que par la perſévérance & un travail obſti-
né, ou le profit eſt toûjours lent & ſouvent incer-
tain ; mais ſous le Regne de LOUIS, ils ont forcé,
pour ainſi dire, leur génie ; adonnés au Commerce
ſans négliger les autres Arts, ils y ont réuſſi avec
d'autant plus de facilité, qu'ils ont trouvé l'équiva-
lent des Marchandiſes étrangéres dans le ſuperflu de

la France, & dans la puiſſance du Roy, tous les ſecours qui leur étoient néceſſaires.

Que d'objets ſe préſentent icy a mon eſprit ! des
Fleuves trouvent par le ſecours de l'Art un lit plus
commode que celuy que la nature leur avoit donné,
& rendus navigables, ils roulent leurs eaux avec
moins de danger & plus d'utilité ; les deux mers, que
tant de montagnes & de contrées ſéparoient, ſont
étonnées de ſe voir jointes,& toute la nature eſt aſſer-
vie aux deſſeins de nôtre Monarque. Je me ſens comme tranſporté ſur le bord de la Mer ; je vois de vaſtes
Arcenaux s'élever juſqu'aux cieux ; un nombre infini
d'habiles Matelots bordent le rivage ; il ſe forme des
Societés pour chaque eſpéce de Commerce; les vents
& les flots pouſſent a l'envy des Vaiſſeaux ſuperbe-
ment équipés ; des flottes nombreuſes prennent l'empire de toutes les mers & rapportent les richeſſes de
tous les Peuples ; Je vois enfin l'un & l'autre Hémiſ-
phére remplis de la gloire de LOUIS LE GRAND,
& la France, ſous les auſpices de ce ſage Prince,
égale dans le Commerce ceux qui en avoient été
juſqu'alors les arbitres ſouverains.

Les Sciences & les beaux Arts ont auſſi reçu les
influences de ſes libéralités & de ſon génie, & il en a
facilité le progres & la perfection, par ſes ſoins & par
ſes bienfaits.

C'eſt ſous ſa protection, & par ſes libéralités, que
ces ſages, qui comme Salomon, connoiſſent toutes
les plantes, *depuis le Cedre juſqu'à l'Hyſſope*, ſont
allés dans les Contrées les plus écartées, pour cher-

*Canaux
de Briare
& de Lan-
guedoc.*

*Arcenaux
de Breſt,
Rochefort,
Marſeille,
&c.*
60. mille
Matelots
levés en
1680.
*Campagnies
des Indes,*

3. Reg.
c. 4. v. 33.

cher les thrésors de santé que la nature a cachés dans les simples.

C'est sous sa protection & par ses libéralités, que des hommes, qui sçavent mesurer le firmament, ont parcouru le monde, pour remarquer les différents aspects du Ciel, & ont mis dans leurs observations une justesse inconnuë aux siecles passés.

Mathéma-ticiens en-voyés dans tout le monde.

C'est sous sa protection & par ses libéralités, que des éleves qui dans d'autres temps auroient été regardés comme des Maîtres, vont dans la Capitale du monde chrétien, pour puiser dans les débris de la magnificence Romaine, cette majesté & ce goust qui éclatent dans tous nos édifices.

Académie de Peinture & Sculpture à Rome pour les Eleves François.

C'est sous sa protection & par ses libéralités, que se sont formés tant d'Hommes illustres dans chaque genre de litterature, dont les ouvrages ont mis nôtre siecle au dessus de celuy d'Auguste.

Que vous diray-je enfin, MESSIEURS ? sous ses auspices, l'Architecture Militaire portée à sa derniere perfection, a fait de toutes nos Frontieres, une barriere impénétrable ; les Palais de nos Princes sont devenus plus merveilleux que tout ce que l'imagination peut feindre ; mille différentes Manufactures mettent sans cesse au jour des ouvrages utiles & précieux ; l'Or & la Soye expriment les sentiments & les pensées, le Bronze est animé, & le Marbre respire. Illustres Societés, sçavantes Académies, formées par ses soins & assemblées au pied de son Thrône ! consacrés les Arts & les Sciences pour immortaliser la Gloire de leur Restaurateur, & égalés, s'il est possible, les prodiges de sa vie, par la beauté de vos Ouvrages &

Manufac-tures de Challiot, des Gobe-lins , des Glaces. &c. Il crée les Académies de Peintu-re,Sculptu-re , des

la hardieſſe de vos Deſſeins. Et vous Arcs de Triom- *Sciences, & d'Archi-tecture El-les s'aſſem-blent au Louvre.*
phe, Statuës magnifiques, Edifices ſuperbes que le
zéle & l'admiration de ſes Sujets luy a élevés ! dures
s'il ſe peut, autant que le monde, & ſoyés un double
monument, & de la perfection qu'il a procurée aux
beaux Arts, & de ſes actions glorieuſes.

Que n'ay-je, MESSIEURS, aſſés d'éloquence pour
vous expliquer icy la ſageſſe de ſa politique, & les
reſſors ſecrets, dont il s'eſt ſervi pour remuer toute
l'Europe ! Quel Prince a jamais eu plus d'habileté
pour connoître & ménager les eſprits, concilier les interêts oppoſés, cacher ſes veuës & découvrir celles des
autres, ſaiſir les conjonctures, parvenir à ſes fins ou par
de vives inſtances ou par des lenteurs néceſſaires, calmer les paſſions ou les ramener à un uſage légitime ? En un mot, qui a jamais poſſédé dans un degré
ſi éminent cet Art myſtérieux des négociations, qui
donne ſouvent autant d'empire que les armes ? Dans
les prémiers Traités de Paix, les proſpérités conſtan-
tes de la France n'avoient laiſſé à la dextérité de
LOUIS, rien à ménager que l'honneur des vaincus ;
mais pendant cette derniere Guerre que nos Ennemis
ne vouloient terminer que par l'entiére ruine de la
France, n'a-t'il pas ſçu faire enviſager aux Miniſtres *Paix d'U-trecht*
d'Angleterre leur intereſt perſonnel & celuy de leur
Nation, dans une Paix prompte & particuliere? n'a-t'il
par forcé les Hollandois, par un concours de circonſ-
tances qu'il avoit préparées, à accepter des conditions
moins favorables que celles qu'ils avoient rejettées *A Gertru-demberg.*
avec orgueil? n'a-t'il pas déſarmé par de ſages tempé- *A Raſtad.*
raments, & engagé même dans nos interêts un Prin-

ce, que l'espérance de réunir l'Espagne à l'Empire intéressoit à prolonger la Guerre? n'a-t'il pas sçu enfin corriger la malignité de la fortune, par l'ascendant de sa sagesse, & réparer par une Paix avantageuse & honorable, les pertes & les malheurs d'une Guerre funeste.

La gloire même de ceux que LOUIS a employés dans cette négociation & dans tous les autres événemens de son Regne, luy appartient toute entiere; parce qu'elle est le fruit de ses exemples & de ses instructions; il remplit de son esprit ceux a qui il confie son authorité; ses Généraux & ses Ministres guidés par ses lumieres, & animés par son génie, se sentent comme transformés en d'autres personnes; sous un autre Roy, ils ne feroient que des actions ordinaires, sous ses ordres, ils deviennent les prémiers hommes de leur siécle.

Tant de soins & tant de travaux, qui épuiseroient autant de différents esprits, ne sçauroient occuper LOUIS tout entier. Telle est la haute intelligence & la vaste capacité de son génie; il remplit par luy-même toutes les fonctions, de la Royauté, & il est encore supérieur à toutes ces fonctions; & comme la sagesse éternelle, dont il est l'expression & la vive image, il se joüe à gouverner l'univers, *ludens in orbe terrarum.* Avec quelle aisance ne régle-t'il pas les affaires les plus difficiles? il n'est embarrassé ny par leur importance, ny par leur multitude, il gouverne un vaste Royaume, avec une attention exempte d'inquietude; les affaires étrangéres, la Marine, la Guerre, les Finances, & leurs détails immenses, ne font pour luy

qu'un

Prov. 8. c. 31.

qu'un jeu & qu'un amusement, *ludens in orbe terrarum.*
Toute l'Europe conjurée contre luy n'apporte aucun
changement à ses occupations ordinaires, & n'altére
point la sérénité de son auguste front ; dans un repos
agissant, & une tranquillité laborieuse, il dissipe sans
peine les efforts de ses ennemis, & comme en se
joüant, les accable de sa puissance, *ludens in orbe terrarum.*

Accourés de toutes parts, Nations étrangéres, venés, comme la Reine de Saba, Peuples de l'Orient,
pour contempler la magnificence & la sagesse de ce
nouveau Salomon ; après avoir reconnu que la re-
nommée ne vous a appris qu'une partie de ses vertus,
allés & publiés par tout la grandeur de LOUIS : ou
plûtôt, dans l'impossibilité de pouvoir jamais exprimer par vos discours, vos sentiments & sa gloire,
n'employés pour le loüer, que l'admiration & le silence.

*Ambaß a-
deurs de la
Porte en
1664. de
Guinée en
1670. de
Moscovie
en 1681.
de Maroc
en 1682.
de Siam en
1684. de
Perse en
1715.*

La valeur & la sagesse sont ordinairement excitées
& fortifiées par l'orgueil & l'amour propre; mais dans
nôtre Prince, elles ont été animées par la charité, &
soûtenuës par des veuës chrétiennes, & cette pieté
sublime, qni fait le sujet de mon troisiéme Point.

III.
P o i n t.

IL y a dans la pieté, ainsi que dans la valeur &
dans la sagesse, différents degrés de perfection, &
une espéce d'héroïsme. Ces grandes ames, que Dieu
tire quand il luy plaît des thrésors de sa Providence,
en qui il verse ses dons d'intelligence & de force, con-
çoivent mieux que le reste des hommes, la grandeur
& la majesté de la réligion, elles font des efforts plus

D

généreux pour en remplir tous les devoirs, & elles offrent à Dieu un culte plus excellent & des hommages plus magnifiques.

C'est ainsi, MESSIEURS, que LOUIS a glorifié le Seigneur ; il a réprimé le vice par son authorité, il a soulagé toutes les miséres, il a sanctifié les Guerres, il a protégé l'Eglise, il a mis la vertu en honneur par ses loix & par son exemple, & sa pieté n'a pas eu d'autres bornes, que celles de son génie & de sa puissance.

Il donna les Edits contre les duels & les blasphèmes avant l'âge de 14. ans. Job. c. 31. v. 18. Eccli.c.39. v. 27.

Estouffer le blasphême, abolir les duels, détruire l'impieté, furent les fruits du zéle naissant de son enfance ; *la miséricorde qu'il avoit portée*, comme Job, *du sein de sa mere crut & se fortifia avec luy* ; il n'eut point pour les pauvres cette indifférence cruelle qu'inspirent les richesses, *ses aumônes se sont répanduës comme un fleuve* qui se déborde, & sa charité surabondante a embrassé, en même temps, toutes les miséres de l'humanité.

L'Ecriture Sainte exprime l'opération & les effets de la grace de JESUS-CHRIST en disant :

1.pet.c.4. v. 10.

qu'elle prend mille formes diverses, *multiformis gratia*. Merveilleuse dans sa conduite, elle se manifeste par une multiplicité de dons & de vertus qui est toûjours nouvelle & singuliere, elle étale les richesses de la bonté Divine par une varieté surprenante de talents & de perfections, *multiformis gratia* : telle est, MESSIEURS, telle est la charité universelle de nôtre Prince, elle s'est multipliée autant de fois, qu'il y a eu de malheureux, elle a pris autant de faces différentes, qu'il y a de sortes de miséres ; & se proportionnant aux besoins des hommes, elle a procuré à chaque efpéce d'affliction des fecours & des affiftances qui luy font propres.

Auprés de la Capitale de ce Royaume, s'éléve un vafte & majeftueux édifice, qui offre en même-temps un double fpectacle de magnificence & de pieté. C'eft là que LOUIS a préparé une fubfiftance affurée & des fecours pour le falut à d'illuftres & malheureux Guerriers; c'eft là qu'il a pourvû aux befoins de leurs ames, par une prévoyance chrétienne, & aux néceffités du corps par une frugale opulence; c'eft là que ces nobles victimes de la valeur, ces Soldats infortunés, libres déformais des follicitudes du fiecle, confacrent à Dieu les reftes d'une vie qu'ils ont tant de fois expofée pour le bien de l'Etat; c'eft là, enfin, qu'exercés par une difcipline militaire & réligieufe tout enfemble, ils offrent leurs infirmités au Seigneur pour l'expiation de leurs pechés, & trouvent des moyens de fanctification, dans les triftes fruits de leur courage & de leur gloire. *Les Inva-lides.*

Un Roy illuftre, à qui l'on faifoit un crime d'avoir protégé la Réligion Catholique, eft indignement trahi par fes Alliés, & abandonné par fes Sujets; une main parricide luy ravit fa Couronne, & il eft contraint de chercher fa fûreté dans une fuite honteufe. Venés, venés, Monarque infortuné, la France a toûjours été l'azile des Rois opprimés; LOUIS vous tend les bras, il partage déja par une inquietude compatiffante, vos malheurs & les périls de vôtre fuite; vous trouverés dans fes tendres embraffements, la confolation de vos difgraces, & dans fa libéralité magnifique, les richeffes & la fplendeur de la Royauté. *Jacques 2.e Roy d'Angleterre dépouillé de fon Royaume par fon beaufils, & receu en France.*

Vous avés auffi reffenti les effets de fa charité, nobles Vierges, pour qui il a élevé le fuperbe & facré azile de Saint Cyr. Ceux qui vous avoient donné la vie ne pouvoient pas vous donner une éducation proportionnée à vôtre naiffance, & leurs biens facrifiés au fervice de l'Etat ne leur laiffoient aucun moyen de vous établir honorablement ; mais la pieté Royale de LOUIS égale la tendreffe de vos parents, fupplée à leur indigence, & aprés avoir examiné vos différentes vocations, elle vous fait entrer dans l'ordre où la Providence vous appelle.

Mais pourquoy détailler icy les largeffes de ce Prince charitable ? remontons jufqu'à leur fource, & connoiffons les toutes, dans le principe qui les a produites. Admirons cette foy vive, qui luy faifoit voir, au travers des afflictions & des miféres, la divinité qui réfide dans la perfonne des pauvres ; admirons cette hauté idée qu'il avoit de la fouveraine majefté de Dieu, cette attention finguliére à luy rapporter toutes fes actions, & enfin ces grands principes de Réligion qui étoient comme le fondement & le fyftéme de toute fa conduite. Il n'a point regardé la Royauté, comme un titre d'oifiveté & d'indépendance ; mais comme une fonction pénible qui impofe de grands devoirs, & comme un miniftére établi pour l'avantage des Sujets & le progrés du culte divin. Tous les biens qu'il a receus du Ciel, il les a confacrés à l'utilité des hommes ; tous les hommages que les Peuples ont rendus à fa vertu & à fa dignité, il les a fait remonter jufqu'à Dieu, à qui feul appartient légitimement l'honneur, la gloire, & la puiffance.

Il a confervé ces fentimens, dans le tumulte des

Armes, au milieu des acclamations & des cris de
Victoire. Dans cette fameuse Campagne d'Hollande,
lorsque les armes à la main, il terrassoit ses Ennemis,
& soûmettoit, comme en courant, les Villes & les
Provinces, dans le temps qu'il fait à son gré la destinée
des Peuples & des Empires, & qu'il remplit l'Europe attentive, de frayeur & d'admiration ; dans ces
moments d'orgueil & de Complaisance, où les plus
fameux Conquérants, étourdis de leur gloire, &
s'oubliant eux-mêmes, ont osé se regarder comme
des Dieux : LOUIS se prosterne devant le Maître
des Rois & des Vainqueurs, il reconnoît que le Sei-
neur *marche devant luy, & humilie* par ses armes, *les*
superbes de la terre. Tout son passage est marqué des
traces de sa pieté, & des vestiges de sa réligion ; l'hérésie abbattuë, & les Eglises réconciliées sont les seuls
monuments de ses Victoires ; il fait élever des Croix,
avant que d'arborer les Fleurs de Lis ; il rétablit le
culte Catholique, avant que d'affermir sa puissance ;
d'une main il foudroye des Remparts, de l'autre il
releve des Autels : & comme Dieu l'associe en quelque maniere à ses desseins, il renvoye aussi a Dieu
toute l'utilité du succés, & la gloire du Triomphe.

Sous un Prince si Réligieux, la pieté se distingue au
milieu des Armées, à la place du libertinage & de
l'irréligion qui y regnoient auparavant ; par ses soins
les Gens de Guerre observent la Loy Chrétienne
avec la Discipline Militaire, & en combattant contre
les Ennemis de l'Etat, ils travaillent aussi à leur
propre sanctification. La Mere des Fidelles ouvrit
les thrésors des mérites de J. C. dont elle est la dépo-

fitaire, dans le temps que LOUIS affiegeoit Cam-
bray ; ce Héros Chrétien voulut que toute fon Armée participât aux pieufes largeffes de l'Eglife. Quel
fpectacle pour le Ciel & pour la terre ! Les Prêtres
du Seigneur élevent leurs voix, & publient dans tout
le Camp, la pénitence & la rémiffion des péchés ;
les Guerriers courent en foule fe profterner à leurs
pieds, & font un fincére aveu de leurs fautes ; on dref-
fe des Autels dans tous les Quartiers de l'Armée, on
y offre la Victime fainte, qui a triomphé des puiffan-
ces de l'Enfer, & les Soldats pénétrés d'une fainte
frayeur, viennent s'y nourrir du Pain des forts. Ce
n'eft plus l'Arche d'Alliance, qui marche au milieu
des Pavillons d'Ifraël, c'eft Dieu luy même qui eft
expofé folennellement à l'adoration de ces Légions
chrétiennes ; les Trompettes forment à fon honneur
une harmonie Militaire, les Foudres de la Guerre
tonnent de toutes parts, & le glorifient par leur bruit
éclatant, tout le Camp retentit de fes loüanges, &
fes Miniftres répétent fans ceffe le Cantique célefte ;
Ifai. c 6 *Saint, trois fois Saint, le Seigneur le Dieu des Armées,*
v. 3. *tout l'Univers eft rempli de fa gloire.*

C'eft ainfi, MESSIEURS, que LOUIS *fanctifioit*
Joel. c 3. *les Guerres,* & attiroit fur fes Armes de nouvelles bé-
v. 9. nédictions ; & peut-être que ces grandes Victoires, qui
ont étonné l'Univers, ont été le fruit de fa pieté, auffi
bien que de fa valeur ; Dieu combattant luy-même
pour un Prince, qui étoit le plus ferme appuy de la
Réligion, & le protecteur de fon Eglife.

Ne penfés pas que nôtre Prince accorde à l'Eglife
de ces foibles protections que la follicitation obtient

& que l'importunité arrache. Je vous prends à témoin, Miniftres du Seigneur, vous *que le Saint Efprit a établis Evêques pour régir l'Eglife de Dieu*, lorfque vous avés eu recours à fon authorité, pour réformer les mœurs, ou pour maintenir la vigueur de la difcipline ; a-t'il jamais refufé de concourir à vos pieux deffeins ? vous a-t'il jamais fait attendre les fecours, qui vous étoient néceffaires ? n'a-t'il pas fouvent prévenu vos defirs, & furpaffé vos efpérances ? n'a-t'il pas même excité quelque fois vôtre zéle ? & n'a-t'il pas toûjours confacré toute fa puiffance aux interêts de la Réligion. Si les lieux fanctifiés (a) par la préfence corporelle d'un Dieu ne font plus foüillés par les Hérétiques ; fi le Chriftianifme triomphe (b) au milieu de fes plus cruels Ennemis ; fi de nouveaux Apôtres (c) traverfent des mers immenfes & des régions défertes, pour étendre la Foy ; fi la voix des Miniftres Evangeliques s'eft faite entendre dans toute la terre ; fi le Soleil de Juftice s'eft levé fur des Peuples, qui (d) *vivoient dans les ténébres & à l'ombre de la mort*, c'eft a LOUIS que l'Eglife le doit : on diroit qu'il n'a eu des Ambaffadeurs & des Miniftres dans les Païs étrangers, que pour donner plus d'étenduë à fa pieté, & faciliter l'aggrandiffement du Royaume de J. C.

Tant d'avantages procurés à la Réligion ne peuvent contenter fon zéle immenfe. Il a à la vérité fondé de tous côtés de faintes Académies, (e) ou les Miniftres du Seigneur font formés à la fcience, à la pieté, & aux fonctions Eccléfiaftiques ; mais l'héréfie a auffi des (f) *Chaires de peftilence* & des Ecoles d'erreur, ou les faux Prophetes font exercés dans le menfonge : il eft vray

1685. &
dans plu-
sieurs Dio-
céses du
Royaume.
(f) Pf 1.
v. 1.

que mille Eglises superbes bâties ou ornées par ses
libéralités retentissent sans cesse des Cantiques du
Seigneur ; Mais l'Hérésie a aussi ses Temples, où elle
offre à Dieu un culte abominable, & des loüanges,
qu'il détefte. Tout ce qu'il a fait, il le compte pour
rien ; s'il ne renverse encore ces monuments de l'impieté, & s'il ne détruit pour jamais le Calvinisme.

Repréfentés-vous, MESSIEURS, une fecte, qui re-
jettant la tradition & l'authorité Eccléfiaftique, rendoit chaque particulier l'interprete des écritures &
l'Arbitre de fa Foy ; foûs de fauffes apparences de ré-
forme, elle renverfoit la Difcipline de l'Eglife, &
rompoit fon unité, qui fait toute fa force, & fon ca-
ractere principal. Une régularité extérieure, la liberté criminelle de régler fa croyance, & le goût de la
nouveauté attirérent d'abord un nombre prodigieux
de Sectateurs à cette Héréfie naiffante ; accruë ainfi,
& fortifiée elle joignit bien-tôt la violence à la féduc-
tion, elle employa le fer & le feu pour foûtenir fes
dogmes impies, elle éleva Autel contre Autel, &
fans refpecter les lieux faints ny la puiffance légitime,
elle remplit tout le Royame de meurtres & d'incen-
dies. Son audace croiffant avec fes forces, elle exigea

Chambres
de l'Edit.

par de fréquentes révoltes, des Tribunaux de Juftice, ou l'authorité du Prince fervoit d'appuy a l'erreur,
& des Places de fûreté d'où elle infultoit impuné-
ment la Puiffance Eccléfiaftique & Séculiere : elle
ufurpa ainfi une efpéce de fouveraineté, & forma
dans le fein même de la France, un état indépendant.

Plufieurs Rois avoient tenté inutilement d'abbattre
ce party ; LOUIS Treize dompta la rebellion, hu-

milia la maiſon d'Aûtriche, & donna un frein à l'O-
céan; mais il ne pût détruire l'Héréſie: cette Hydre fa-
tale renaiſſoit ſous les coups qu'on luy portoit, & pa-
roiſſoit toûjours plus fiére & plus menaçante. Nôtre
Prince pouvoit ſeul exterminer ce monſtre. Il ſemble
que le Ciel ne luy a donné cette profonde ſageſſe, &
cette puiſſance affermie par une longue ſuite de Victoires, que pour le mettre en état d'abolir cette ſecte,
& luy ôter pour jamais, les moyens & l'eſpoir même
de ſe relever. La triſte image de la Réligion propha-
née, & de l'Egliſe déchirée par ſes propres enfans allume ſon zéle, & luy inſpire, comme au Roy Joſaphat,
une ſainte hardieſſe, *ſumpſit cor ejus audaciam propter vias*   2. *Par.*
Domini. Il n'écoute point les timides conſeils de la pru-   *c.7.v.6.*
dence de la chair, mille obſtacles différents ne peu-
vent rallentir ſon zéle, ſon cœur brûle d'une ſainte ar-
deur, & ſuit les tranſports d'une pieuſe témérité, *ſump-*   *Il révoque*
ſit cor ejus audaciam propter vias Domini. Il détruit les   *l'Edit de*
hauteurs ou l'on offroit d'impies ſacrifices, & il abolit   *Nantes, &*
pour jamais, l'Héréſie & ſon culte ſacrilége, *excelſa*   *fait démo-*
& lucos de Juda abſtulit.   *lir les Tem-*
ples des Ré-
Non content de ruiner, pour ainſi parler, les de-   *ligionnai-*
hors du Calviniſme, il veut le détruire juſques dans   *res.*
le fonds des cœurs ; autant ennemi de l'erreur, que
plein de tendreſſe pour ceux qu'elle a ſéduits, il leur
tend une main ſecourable, pour les retirer de l'abîme
où ils ſont, il les invite par les démonſtrations d'une
bonté paternelle, il les attire par ſes libéralités, &
s'inſinuë dans leurs cœurs, pour éclairer enſuite leurs
eſprits ; il modére la rigueur de ſes Edits, par des
tempéraments ſalutaires, & par un mêlange de dou-

E

ceur & de févérité, il les force, en quelque maniere, de reconnoître la vérité. Des Miniftres Evangeliques excités par fon zéle, & foûtenus par fon authorité *élévent leurs voix de toutes parts comme une trompette éclatante*, déchirent le voile fatal qui cachoit a ces hérétiques la vérité de nos Myfteres, diffipent le nuage de la prévention, rompent les liens funeftes de l'éducation & de la honte, & ils font revivre de nos jours, les effets prodigieux des prémiéres Prédications des Apôtres.

Ifai. 58. v. 41.

Act. c. 2. v. 41. c. 4. v. 4.

Réjoüiffés-vous, Anges du Ciel, à la veüe de tant de converfions, tréffaillés de joye, Epoufe de J. C. Eglife fainte, recevés dans vôtre fein vos enfans égarés, qui reviennent en foule ; & accruë tout à coup de deux millions d'ames, chantés le Cantique de leur délivrance, & publiés à jamais, la gloire de leur libérateur.

Aprés tant de faintes actions, il femble que la pieté de nôtre Prince ne puiffe plus recevoir d'acroiffement ; cependant, toute héroïque qu'elle vous paroît, elle n'eft pas encore montée à fon dernier comble, & elle doit recevoir un nouveau degré de perfection, par des adverfites. Le Regne de LOUIS n'étoit qu'un enchainement de Victoires & d'actions éclatantes, & toute l'Europe étoit comme captive fous fa puiffance. Pere auffi heureux, que Monarque puiffant, il voyoit fon augufte Sang s'éternizer, pour ainfi dire, & fes Enfans difputer à tous les hommes la gloire de luy obéïr, & celle de l'imiter ; lorfque fes Ennemis ayant prévalu tout à coup, il eft vaincu de tous côtés ; la mort la cruelle mort luy enléve le digne

Héritier de fa Couronne & fe haftant de luy arracher tous les fujets de fa confolation & les objets de fa tendreffe , elle luy ravit en même temps Adélaïde & fon illuftre Epoux , & de deux jeunes Princes qui luy reftoient encore , elle emporte l'un & femble luy difputer l'autre.

Quelle affliction ! Grand Dieu , quelle épreuve ! il ne falloit pas une vertu moindre que celle de Louis, pour fupporter des adverfités fi accablantes ; il reçoit, avec foûmiffion , le Calice que Dieu luy envoye, il fent toute fon amertume , & le boit jufqu'à la lie , fans perdre cette égalité d'ame inaltérable , qu'il avoit fçu conferver jufques dans fes triomphes ; pénétré d'une foy vive , il adore la main qui le frappe , & parmy les coups redoublés qu'elle luy porte , il dit, comme le Saint Patriarche Job : *le Seigneur m'avoit tout donné , le Seigneur m'a tout ôté : il n'eft arrivé que ce qu'il a voulu , que fon faint Nom foit bény.*

Job. c. 1. v. 21.

Telle eft, MESSIEURS , telle eft la conduite de la Providence fur les juftes ; pour faire éclater leur patience & purifier leur vertu , elle leur envoye des difgraces falutaires ; & le Ciel qui vouloit faire de LOUIS , un modélle accompli de toutes les vertus , luy devoit même des revers.

Nôtre Prince a trouvé dans ces adverfités une preuve fenfible de la vanité des grandeurs humaines ; & la perte de fes auguftes Enfans a été pour luy une *réponfe de mort* ; fon cœur libre déformais de l'affection qu'il avoit pour eux , détaché de tous les biens périffables , fe porte vers Dieu avec plus de véhémence ; le refte de fa vie n'eft plus qu'une fuite continuelle de

2. Cor. c. 1. v. 9.

vertus, & une préparation à la mort chrétienne qui a été la confommation de fa pieté.

Auffi on n'a pas été obligé d'employer des ménagements ingénieux, pour luy faire fentir le danger de fa maladie ; il n'a pas même été néceffaire qu'un Prophéte vint luy dire comme au Roy Ezéchias : *Vous mourrez* ; LOUIS prévient ceux qui devoient luy annoncer fa mort, & fait luy-même tous les apprêts de fon facrifice ; il fe prépare avec attention à recevoir les Sacrements de l'Eglife, il les demande avec empreffement, & il les reçoit avec ferveur. Fortifié par le Saint Viatique & les Onctions facrées, il envifage fans frayeur, durant plufieurs jours, une mort inévitable ; elle s'approche à pas lents, dans fon appareil le plus terrible, il la voit, il la fent fur luy même, & n'en eft point troublé ; tout le monde eft dans la confternation, fes Domeftiques éplorés fondent en larmes, fes Courtifans expriment, par de triftes regrets, leur trouble & leur défolation, la douleur extrême des Princes & des Princeffes éclate par des foupirs & des gémiffemens, luy feul, MESSIEURS, luy feul tranquille, & fupérieur aux foibleffes de la nature, régle les Affaires de l'Etat, exhorte les Princes à l'union, & inftruit fon arriere Petit-Fils des plus chrétiennes maximes de Regner.

Vos defirs feront accomplis, Grand Roy ; le Seigneur qui perpétua autrefois fes miféricordes fur la maifon des Rois de Juda, à caufe de David fon fidelle Serviteur, fe fouviendra toûjours de LOUIS & de fes vertus ; il couvrira cet Augufte Enfant *de l'ombre de fes aifles* & répandra fur luy fes plus tendres bénédic-

Ifai. c. 38.
v. 1.

Pf. 60.
v. 1.

tions ; & tandis qu'un heureux naturel & une enfance aimable nous donneront des préfages certains d'un avenir fortuné ; le Prince, que les droits du Sang & les vœux de la France rendent le dépofitaire de l'authorité Royale, nous fera goûter une félicité préfente, & les plus doux fruits de la Paix. Dieu, qui nous aime, dans le temps même qu'il nous châtie, a préparé en luy la reffource de toutes nos pertes; il a raffemblé en fa perfonne la fcience militaire, la fageffe du Gouvernement, & cette multiplicité de Talents que nous admirons, pour remplacer tous les Princes que la mort nous a enlevés, & repréfenter toutes leurs vertus, à nôtre jeune Roy.

LOUIS aprés avoir affermy la Paix dans la Maifon Royale, n'ayant plus rien de mortel à faire, tourne vers Dieu tous fes fentimens & toutes fes penfées : la veuë prochaine de l'éternité donne à fa pieté une nouvelle ardeur ; fa foy fe ranime, fa charité s'enflamme, & il expire dans une *efpérance pleine de l'immortalité.*   *Sap. c. 3.*
   v. 4.

Achevés Pontife facré, achevés d'offrir pour luy les fuffrages de l'Eglife, & fi, felon l'expreffion de l'Apôtre, il *manque encore quelque chofe aux fouffrances* *Coloff. c. 1.* *de J. C.* dont vous venés de renouveller le facrifice,   *v. 24.* rempliffés-le par vôtre interceffion, & la ferveur de vôtre priere ; que l'Eglife, qui doit à nôtre Prince fon accroiffement & fa fplendeur, luy applique les thréfors de graces qui luy ont été confiés ; que les nouveaux Fidelles à qui il a procuré la connoiffance du vray Dieu, ou qu'il a ramenés à la vérité Catholique, offrent au Souverain Juge les prémices de leur foy ; que les vœux & les cris de tant de malheureux,

qu'il a foulagés, montent jufqu'au Thrône de Dieu:
tant de bonnes œuvres, tant de mérites, l'affurance
des faintes Ecritures, & la miféricorde infinie du
Seigneur, nous font préfumer, que LOUIS fera
reçu dans les Tabernacles éternels ; & tandis, qu'icy
bas, à la place de Céfar & d'Alexandre, il fournira
déformais les comparaifons aux Orateurs, & parta-
gera les loüanges de tous les Héros à venir ; tandis,
qu'avec les Conftantins & les Theodofes, il fera pro-
pofé dans les Annales de l'Eglife, comme le mo-
delle d'un Prince Réligieux ; tandis que la terre, *qui
a gardé le filence en fa préfence*, le gardera encore, au
feul récit de fes actions : il joüira dans le fein de Dieu,
d'une gloire immortelle, & il portera dans le Royaume des Cieux le furnom de GRAND, qu'il a mérité
dans ce monde, *magnus vocabitur in regno Cœlorum.*

Math. c.
5. v. 19.

F I N.